STETTIN
Entdeckungsreise in Bildern

Hans Joachim Kürtz

STETTIN

Entdeckungsreise
in Bildern

Verlag Gerhard Rautenberg · Leer

Alle Aufnahmen dieses Buches stammen von Hans Joachim Kürtz.

CIP-Titelaufnahme der Deutschen Bibliothek
Hans Joachim Kürtz
Stettin / Hans Joachim Kürtz
– Leer: Rautenberg, 1992
(Entdeckungsreise in Bildern)
ISBN 3-7921-0501-2

© 1992 by Verlag Gerhard Rautenberg, Leer
Gesamtherstellung: Druckerei Rautenberg, 2950 Leer
Alle Rechte vorbehalten
Gedruckt auf Profistar, 150 g/qm, ein Produkt der Hanno-
verschen Papierfabriken Alfeld-Gronau, Alleinvertrieb igepa
Printed in Germany
ISBN 3-7921-0501-2

Hans Joachim Kürtz

Stettiner Fragmente

Der Geburtstag der alten Dame am Oderufer: 750 Jahre ist sie nun schon – verbrieft und besiegelt – Stadt. Barnim I., von Gottes Gnaden erlauchter Herzog der Slawen, hatte sie 1243 mit Magdeburgischem Recht belehnt. „Da es Uns genehm war", hatte der pommersche Greifenfürst verkündet, „Unseren Burgvorort Stettin aus der bisherigen Gerichtsbarkeit der Slawen in die deutsche Gerichtsbarkeit zu überführen, so haben Wir nach dem Rate Herrn Konrad, des ehrwürdigen Bischofs von Cammin und unseres Vasallen bestimmt, daß solches unveränderlich gehalten werde für ewige Zeiten!"

Stettin war damit offiziell Stadt geworden – deutsche Stadt. Denn Barnim hatte sich für die wirtschaftliche Entwicklung Siedler aus dem Westen in sein Slawenland geholt – die deutsche Kolonie zu Füßen seiner Burg wuchs kräftig. Diese Wendenburg war schon um das Jahr 850 entstanden. Stettins Geschichte reicht also weit über die tausend Jahre zurück – wenn nicht gar über 2500 Jahre. Denn polnische Archäologen haben auf ihrer Suche nach der slawischen Vergangenheit der Stadt am Oderufer die Reste einer Siedlung aus der Zeit zwischen 700 – 400 Jahre v. Chr. entdeckt. Mit Hilfe der deutschen Kaufleute, Handwerker und Ackerbürger hatte Barnim aus der Wendenfeste mit ihrem Marktflecken einen blühenden Handels- und Umschlagsplatz gemacht. Stettin wuchs zur „Mutter der pommerschen Städte".

Doch die eigenwillige Geschichte läßt mit sich keinen Pakt auf „ewige Zeiten" schließen. Fast genau sieben Jahrhunderte nach der Stadtwerdung sah das vom Krieg zermalmte Stettin 1945 den totalen Exodus seiner deutschen Einwohner. Polen zogen an ihrer Stelle in die Oderstadt ein, als nach dem von Hitler entfachten Weltenbrand die Landkarte Europas neu gezeichnet wurde. Stettin machte man zu Szczecin. Heute lebt hier schon die dritte Generation polnischer Bürger.

***

Die alte Oderstadt, mit der die launische Geschichte nicht gerade freundlich umgegangen ist – vieles hat sich angesammelt in meinem Stettin'schen Zettelkasten für die Laudatio zum Jubiläum: Eigene Erinnerungen, Beobachtungen und Gesprächsnotizen. Lesefrüchte aus fremder Feder, Fundstellen, Zitate, Querverweise, Denkskizzen. Amtlich Verlautbartes und journalistische Recherche. Rückblicke in die Historie und Ausblicke auf die Zukunft.

Zu poetischem Höhenflug, sagt mir der ansehnliche Zettelstapel auf meinem Schreibtisch, hat die spröde Dame Stettin keinen Literaten verleitet. Kaum einer hat mit verklärten Worten ihre Schönheit besungen,

niemand eine schwärmerische Liebeserklärung an Sedina, die Tochter der Oder, in die rechten Versfüße gesetzt. Dichters Lobpreis fehlt ebenso wie die elegische Klage. Auch den Stoff, aus dem die großen Romane sind, gab Stettin nicht her wie die Ostseeschwestern Danzig oder Lübeck – Alfred Döblin, selber am Oderufer aufgewachsen, ließ sich lieber über den Berliner Alexanderplatz aus.

Sicher, andere große Söhne der Stadt zollten ihr gebührenden Respekt. Ebenso die sporadisch einfallenden Verfasser zeitgenössischer Reiseliteratur. Sie priesen den Fleiß der Stadt. Sie zeichneten Stettin als solide und gediegen, als behäbig und zielstrebig zugleich. Ebenso gemütvoll wie dickschädelig sei sie, gerade so, wie es denn rechte pommersche Art ist – einen Trotzkopf nannte sie Carl Ludwig Schleich. In verhaltenes Schwärmen gerieten die Herren Literaten nur angesichts der Gunst ihrer Topographie. Und da war man dann flugs bei der Oder, dem Lebensstrom, der nimmermüden Schlagader Stettins, die sich vor der Stadt nach Norden hin zum Meer öffnet. Für den Romantiker Eichendorff war die Oder der „blaue Strom". Der Schlesier Paul Keller nannte sie mit sichtlichem Respekt das „Bauernweib unter den deutschen Flüssen".

***

Ein gewisser Oberlehrer Friedrich Körner aus Halle, so weiß mein Zettelkasten, berichtete 1857 in seinen „Vaterländischen Bildern aus Pommern": „Stettin liegt in freundlicher Umgebung, die in Betreff der Lieblichkeit ihrer reizenden Fernsichten mit den gepriesensten Gegenden Deutschlands sich messen kann. Die Anhöhen oberhalb und unterhalb der Stadt gewähren herrliche Aussichten auf das breite, grüne Oderthal, das von dem Strome und seinen Armen in vielen hell blinkenden Krümmungen durchschnitten und von zahlreichen Seeschiffen und Fahrzeugen belebt wird." An „geschichtlich wichtigen und schönen Bauwerken" dagegen fand der Hallenser Stettin nachgerade arm; eng und winkelig seien die meisten Straßen der Stadt, krumm und unregelmäßig gebaut.

Carl L. Schleich, der geniale Stettiner, schrieb: „Stettin, die alte Wendenfeste, ist eine echte Hafenstadt am Abhang des mit schwerem Laubwald tief umhüllten uralisch-baltischen Höhenzuges. Es liegt zu beiden Seiten der Oder, deren mehrere Arme Teile von ihm inselartig umfassen. Der breite, nur träge, grau und lässig dahinfließende Strom durchquert die Altstadt direkt nach Norden, links und rechts von Hafenanlagen, Werften, Villen und bergigen, schön bewaldeten Vororten umrahmt, die bald auf der rechten Seite von flachen Wiesen abgelöst werden."

Auch Karlheinz Gehrmann hat mein Zettelspeicher archiviert. Alte, türmereiche, vielgiebelige Städte, schrieb er, wirkten am stärksten im Lichte eines Sonnenunterganges. Stettin aber sei eine Stadt des hellen Tages. „Sein Leben ist Tätigsein. Stettin braucht Gegenwart. Vineta ist in der Sage von Jahrhundert zu Jahrhundert prächtiger geworden, dadurch, daß es in den Wassern versank. Stettin aber ist von Jahrzehnt zu Jahrzehnt kräftiger geworden, dadurch, weil es sich das Wasser dienstbar machte. Stettin ist keine Stadt der Legende. Es ist eine Stadt mit kräftigem Herzen."

***

Immer wieder die Oder also, die sich hier so behäbig zeigt, bevor sie sich zum Meer hin in einem verwirrenden Durcheinander von Rückstau- und Mündungsgewässern verströmt: nicht einmal drei handbreit Gefälle bleiben ihr auf den letzten 65 Kilometern bis zur Ostsee. Schon von Anbeginn seiner Geschichte hat sich Stettin dieses zuverlässige, biedere „Bauernweib" dienstbar gemacht, das auf seinem langen Weg von Mähren zum Baltischen Meer herauf die schweren Lasten geschleppt hat – und umgekehrt, dem Süden zu. In der Wendenzeit war die Oder ein wichtiger Handelsweg und Stettin ein gesuchter Ankerplatz. Hier war für die Fuhrleute im Ost-West-Wandel die erste Möglichkeit, den Fluß in seinem nördlichen Teil zu überqueren. Das bot Gelegenheit zum Austausch der Waren. Die Fährpassage war nicht ganz ohne Tücken. So suchten die Handelsreisenden zur Freude späterer Archäologen, die Flußgötter durch Opfergaben zu besänftigen. Im Stadtmuseum im Alten Rathaus sind reichlich Bronzeäxte, Dolche, Messer und Schwerter zu besichtigen, die man vom Grund der Oder heraufgeholt hat.

Die alten Wenden in Stettin verdienten sich ihr Geld als Fährleute, und vom hohen Ufer kontrollierte ihre Burg das Kreuz von Land- und Wasserweg. Später verdankten die Stettiner dem Christentum, das Bischof Otto von Bamberg mit Nachhilfe von Polenherzog Bolesław Schiefmund in die Hochburg des Wendengötzen Triglaw gebracht hatte, ihren Wohlstand. Der kam mit dem Heringshandel. Stettin wurde zum Fischhaus der Hanse. An Salzhering als unverderblicher Fastenspeise war in der Christenheit des ganzen Kontinents Bedarf. Das begehrte Silber des Meeres füllte die Taschen der Stettiner mit Gold. In das Kaufmannsgestühl der Jakobikirche schnitten sie die berühmte Madonna mit den drei Heringen. Schließlich war der Segen von oben als Rückversicherung nicht von Schaden. Für 1481 notierte der Chronist: „… in welchem Jahr solch eine Menge Hering allhie angekommen, daß alle Bürger – und Kauffheuser vollgelegen." Die Händler hätten den Fisch weit unter Einkaufspreis verkaufen müssen. Die Stettiner erfreuten sich des Segens auf ihrem buch-

stäblich anrüchigen Handel bis weit in unser Jahrhundert. Die Stadt war Deutschlands Heringsmetropole. 1913 wurden hier 113 000 Tonnen verarbeitet – gute drei Pfund für jeden Deutschen.

Auch die Polen setzten die Tradition fort. Eine gewaltige Fangflotte trug nach 1945 den Namen Szczecin am Heck. Heute dümpelt der größte Teil rostend im Stettiner Hafen. Die Logger fahren ihre Kosten nicht mehr herein – rote Zahlen aber kann man sich nicht länger leisten, seit Polen sich aus der sozialistischen Planwirtschaft verabschiedet hat.

***

Auf „Deutschlands Morgenspiegel" verweist mein Zettelkasten – unter diesem Titel veröffentlichte der fränkische Dichter Konrad Weiss seine Eindrücke von Reisen durch den Osten Deutschlands um die Mitte der dreißiger Jahre. In Stettin fand vor allem der Hafen seine Aufmerksamkeit: „Der Vorhang vor den Augen geht auf mit der Geräumigkeit über dem Wasser, und die Stadt, die etwas höher gelegen ist, empfängt davon einen mächtigen Zuwachs. Die geschichtliche Bedeutung zeigt sich mit der wirtschaftlichen an. Wir sind nun zu den Bäumen auf der großen Hakenterrasse hinausgelangt und blicken über den ausgedehnten Treppenaufbau zum Wasser hinab, wo am Oderbollwerk hin dann weiter hinten, jenseits der Lastadie, im Freihafen Rumpf an Rumpf die Schiffe liegen, wo sich Schlote und Masten und höher noch die Krane heben und Rauch gleich Wimpeln in der zügigen Luft hinfliegt … Ein unruhig umschlagender Wind, aber ein unbewegter großer Luftraum, so sehen wir den größten deutschen Ostseehafen vor uns liegen."

Die Hakenterrasse, dieser Logenplatz über dem Oderufer – sie hat sich in die eigenen Kindheitserinnerungen festgeschrieben, Erinnerungen an die Sonntagsvisiten bei den Stettin'schen Anverwandten: Der Onkel, der dem Neffen aus der hinterpommerschen Dörflichkeit mit dem umgeschnallten Ausgehsäbel samt Portepee mit Silberquaste imponierte – er diente bei den Pionieren in Podejuch – marschierte mit uns durch die Grabowschen Anlagen auf den Balkon der Stadt. Zu Füßen das Oderbollwerk mit seinen weißen Ausflugsdampfern und Seebäderschiffen. Mit den Jahren gesellten sich mehr und mehr die grauen, kanonenbestückten Einheiten der Kriegsmarine dazu. Dahinter, jenseits des Stromes, öffnete sich die aufregende Welt des Hafens mit ihrer als Gitterwerk gegen den Himmel stehenden Kulisse: die aufgereihten Kräne, Ladebrücken und Masten, die Überseeschiffe aus aller Herren Länder. Hastig entleerten sie ihre Bäuche oder nahmen Lasten an Bord. Der Hafen gönnte sich auch an den Sonntagen keine Ruhe. „Unsere Zukunft liegt auf dem Wasser", habe Kaiser

Wilhelm II. bei der Eröffnung des Stettiner Freihafens prophezeit 1898, wußte der Onkel. Und er kannte die verwirrende Topographie rund um die Lastadie: Dunzig und Parnitz, Grüner Graben und Bredower Graben, Breslauer Fahrt und Mölln-Fahrt, Bleichholm und Patmosinsel, Pipenwerder und Silberwiese. Jener mächtige Betonkoloß, lernten wir voller Staunen, der 1935 gebaute Kornspeicher, sei der größte in Europa. Sechzig Güterzüge mit je 50 Waggons voll des guten pommerschen Roggens oder Weizens könne diese „Getreidekammer der Berliner" fassen – 40 000 Tonnen.

***

Im Juni 1992 stand ich mit Bolesław Kulak, dem Vizepräsidenten der neuen Hafengesellschaft, auf dem Dach des Mammutspeichers, der den Bombenregen und Granatenhagel des letzten Krieges überstanden hatte – die übrigen Hafenanlagen waren größtenteils zerstört worden. Erst aus der Vogelschau, der Perspektive der Stettiner Möwen, zeigt sich die Dimension des Hafens, die Weite des flachen Ostufers der Oder, das verflochtene Gewirr von Flußarmen und Nebenläufen, von Kanälen und Durchstichen, natürlichen und künstlichen Oderinseln, von Hafenbecken, Piers und Kais, Hallen und Gleisanlagen. Den Strom aufwärts, zum Herzen der Stadt hin, liegen hinter der Hansabrücke, dem Bahnhof gegenüber, die Flußschiffe und Oderkähne. Nach Nordosten hin, jenseits des Grabower Werders, öffnet sich die blaue Weite des Dammschen Sees. Nach Norden, nach Züllchow hin, verdrängen die Werften mit ihren Docks und Helligen die Wohnviertel vom westlichen Oderufer.
Stettin, die Stadt im Binnenland – doch wuchsen hier unter den Niethämmern die mächtigen Ozeanriesen. Der legendäre VULCAN, der 1871 als erstes Schiff die Panzerfregatte „Preußen" für Kaiser Wilhelms „schimmernde Wehr" baute, holte sich gleich mit vier seiner Passagierdampfer das „Blaue Band", die begehrte Trophäe für Rekorde bei der Atlantiküberquerung. Der Krieg hatte von den Stettiner Werften eine Trümmerwüste zurückgelassen. 1952 glitt das Motorschiff „Czułym" als erster polnischer Neubau vom Stapel – zwölf Jahre später konnte die „Adolf-Warski-Werft" schon ihr 100. Schiff abliefern. Fast 20 000 Menschen verdienten hier in den achtziger Jahren ihr Brot. Im Sommer 1992 war die Belegschaft auf 7000 Beschäftigte geschrumpft – dunkle Wolken waren auch über dem polnischen Schiffbau aufgezogen, seit er nicht mehr Devisenbringer für Warschau um jeden Preis zu sein hatte.

***

Widerborstige Zeitgenossen waren sie schon immer, die Stettiner. 1616, sagt mein Zettelkasten, erschlugen sie in städtischer Aufruhr vor den Augen des Bürger-

meisters den Stadtdiener Lorenz Drewelow, weil der Rat der Stadt den Preis für die Kanne Bitterbier auf 16 Pfennige heraufgesetzt hatte. Drei Tage brauchte es, bis der herbeigeeilte Herzog Phillip II. die Ruhe wiederhergestellt hatte. 1970 trieb Polens Parteichef Władisław Gomulka wenige Tage vor dem Weihnachtsfest mit drastischen Preiserhöhungen für Lebens- und Genußmittel die Stettiner Werftarbeiter auf die Barrikaden – wie deren Kollegen in Gdingen und Danzig: sie stürmten die Parteizentrale, die frühere Städtische Sparkasse am Königsplatz, und steckten sie in Brand. Als Panzer auffuhren, gab es 17 Tote. Aus Warschau mußte der Nachfolger des abgesetzten Gomulka, Edward Gierek, an die Oder eilen, um die Streikenden mit politischen Zugeständnissen wieder an die Arbeit zu bringen. Und ebenso wie in Danzig stellten sich die Werftarbeiter im August 1980 erneut vor die Panzer. Mit der Gründung der Solidarność-Bewegung auch in Stettin brachen sie die ersten Steine aus dem Fundament der Zwingburg des Kommunismus in Osteuropa. Ein Jahrzehnt später stürzte diese endgültig zusammen. Das Aufbegehren an der Oder hatte dazu beigetragen, daß ihre Ideologie auf dem Trümmerhaufen der Weltgeschichte landete.

***

„Stettin wurde nach dem Krieg nicht nur zum größten Hafen Polens, sondern wuchs zusammen mit seinem Vorhafen Swinemünde zum größten Hafen der südlichen Ostsee", berichtete mir Bolesław Kulak später im wilhelminisch-neugotischen Backsteingebäude der Hafenverwaltung. „Über Stettin liefen nicht nur die Kohle aus den südpolnischen Revieren und Erze in beiden Richtungen, sondern auch der Export der Tschechoslowakei, Ungarns und Österreichs. In den siebziger Jahren konnten wir immer neue Rekorde melden. Aber der Umschlag ist mit dem wirtschaftlichen Umbruch bei uns und bei unseren Nachbarn auf die Hälfte geschrumpft."
1991 machten im Doppelhafen Stettin/Swinemünde nur noch 6000 Schiffe fest, um knappe zehn Millionen Tonnen Massengüter in ihren Ladeluken verschwinden zu lassen. Der Stückgutumschlag sank auf zwei Millionen Tonnen. „Das Ende der tschechischen Exporte nach China, Nordkorea und Vietnam zeigt sich deutlich in unseren Bilanzen, ebenso wie die jetzt offenen Straßen in den Mittelmeerraum", seufzt der Manager. „Wir sind jetzt dabei, den ganzen Hafen aus einem riesigen, unbeweglichen Staatsunternehmen mit seinen vielen tausend Mitarbeitern in eine Vielzahl von selbständigen, flexiblen Privatbetrieben umzuwandeln – auch mit ausländischem Kapital und know how. Wir wollen wieder konkurrenzfähig werden."
Kulak fährt auf der Landkarte hinter sich mit Zeigefinger nach Berlin. „Hier liegt unsere Zukunft", sagt er,

„Stettin muß wieder wie einst der Seehafen von Berlin werden. Schließlich liegt kein anderer Hafen dem neuen Berlin-Brandenburger Wirtschaftsraum näher. Und keiner bietet eine bessere Anbindung über ein gutes Kanalsystem und die Oder." Schon jetzt lebt die Binnenschiffahrt auf dem Strom, die fast ausschließlich in den Händen der Polen ist, vor allem vom Transport von pommerschem Kies in die bauwütige deutsche Hauptstadt.

***

Berlin – das Schlüsselwort nach dem Jahrhundertbankrott der kommunistischen Wirtschaft. Die magische Zauberformel, Hoffnungscode für die neuen Manager und Verantwortungsträger. Denn die kaufkräftige Millionen-Metropole liegt – über die alte Pommern-Autobahn – nur eine gute Stunde von der Oder entfernt. Noch staut der Flaschenhals der Grenze – trotz der neuen Durchlässigkeit – die Lastwagen bei Pomellen zu Kilometerwürmern. Denn noch zählt bei den polnischen Zöllnern alter Bürokratismus und bequemer Schlendrian. Doch damit soll es vorbei sein, wenn der mit Bonner Millionenhilfe gebaute gemeinsame Zollterminal fertig ist.

Früher, sagt Woiwode Marek Talasiewicz, habe „Szczecins Lage irgendwo am Rande Polens" den Lebensrhythmus der Stadt geprägt. Heute sieht er sie in einer neuen „Sturm-und-Drang-Periode". Sie will Eingangstor nach Polen werden – und Hauptlieferant für Berlin. Schon jetzt packen sich die Nachbarn aus dem Westen auf dem aus grüner Wiese gewachsenen Großmarkt unweit der Grenze die Kofferräume voll mit Krakauer Würsten und Zwiebelsäcken, mit Sauerkohl und Räucherschinken – auch ein paar Stangen Zigaretten gehen da illegal mit auf die Reise.

Doch in den Amtsstuben und Managerkontoren stellt man sich andere Dimensionen vor. Joint Ventures mit deutschem Kapital und westlichem Know-how sollen die marode Wirtschaft an der Oder ankurbeln. Am Stadtrand von Altdamm steht ein Paradebeispiel solch deutsch-polnischer Kooperation: 50 000 Junghähne beenden dort Tag für Tag am computergesteuerten Fließband ihr Leben, um in genormte Brathähnchen verwandelt zu werden – vor allem für die Grillstationen und Billigmärkte des unersättlichen Berlin. Einer der großen Hähnchenbrater von der Spree hat seine Millionen und sein Unternehmerwissen in den Betrieb gesteckt.

Hochfliegende Träume von der schnellen Mark – notfalls auch auf krummen Wegen – haben in Stettin Hochkonjunktur. Aber es fehlt auch nicht an soliden Plänen, die Gunst der Lage ökonomisch zu nutzen. Brandenburgs Ministerpräsident Manfred Stolpe hat eine Europäische Förderregion beiderseits der Oder vorgeschlagen, fünfzig Kilometer hüben, hundert drüben. Auf eine solche „Euroregion" unter dem Brüsseler Füllhorn setzt man in Stettin große Hoffnungen.

***

Die von den Wechselwinden der Historie gebeutelte Sedina am Oderstrom: man hat ihr Gesicht oft gewaltsam entstellt. Von den architektonischen Falten und Runzeln, die das Gesicht alter Städte reizvoll machen, hatte schon der Große Kurfürst wenig übriggelassen: er schoß 1677 das mittelalterliche Stettin gründlich zusammen. Was dann noch an sporadischen Relikten den Feuersturm von 1944/45 überlebt hat, ist bitter wenig. Stettins neue Bewohner haben diese letzten steinernen Zeugnisse mit großem Eifer wieder hergerichtet oder – wie das Schloß – rekonstruiert.

Das alte Herz Stettins mit seinen geschäftigen Straßen und Gassen, seinen Giebelhäusern und Speichern zum Oderbollwerk hin hat der letzte Krieg in einem apokalyptischen Inferno zermörsert und zermalmt, verbrannt und verglüht. Schütteres Grün deckt heute Schutt und Asche – Stettin ist ein Stück von der Oder abgerückt. Nur dort, wo im wilhelminischen Aufbruch die stattlichen Bürgerhäuser der Nordstadt mit ihren verschnörkelten Schmuckfassaden emporwuchsen, hat die Stadt ihr Gesicht bewahrt; grau zwar und verhärmt – doch zeigt sich hoffnungmachend erste Kosmetik.

Die monotone, menschenverachtende Tristess der neuen Betonsilos muß unter „Wohnungsbau um jeden Preis" abgebucht werden – heute geht die Einwohnerzahl auf die knappe halbe Million zu. Verliebt in das unverbindliche Zauberwort „Perspektywa" – finde ich in meinem unvergründlichen Stettin'schen Zettelkasten festgehalten – hatten die sozialistischen Planstrategen 1978 für das Jahr 2000 fünf Turmhochhäuser vom Zuschnitt Chikagos für Stettin prophezeit. Ein erster, futuristischer Wolkenkratzerturm aus Stahl und Glas steht an der Pölitzer Straße vor seiner Vollendung: ein Internationales Business-Center, gebaut von österreichischen Kapitalisten. Ihn können die nimmermüden Perspektywa-Propagandisten bei ihrem Blick in die sozialistische Zukunft wohl kaum gemeint haben. Die Geschichte hat sich an der Oder schon immer eigensinnig gezeigt. Und das ist dann auch wieder tröstlich.

Hafen der Oderkähne an der Silberwiese: früher transportierten die Flußschiffe vor allem schlesische Kohle und Erz. Heute sind Baustoffe für Berlin die Hauptfracht.

Sechzig Kilometer liegt Stettin vom Meer entfernt – dennoch zählt sein Hafen zu den größten der Ostsee.

Vorherige Doppelseite: Blick aus der Vogelschau auf Stettin; die Oder fließt durch das Herz der Stadt.

*Die Flußschiffer setzen ihre Hoffnung darauf,
daß Stettin mit der jetzt offenen Grenze wieder
die traditionelle Rolle als Hafen Berlins überneh-
men kann.*

*Rechts oben: Mit dem wirtschaftlichen Umbruch
nach der politischen Wende im Osten Europas
halbierte sich der Stettiner Hafenumschlag.*

*Rechts unten: Freude an der Farbe. Mancher
Oderkahn ist ein liebevoll gepflegtes Schmuck-
stück.*

Über den Dunzig-Parnitz-Kanal brachte man die Kohle auf dem Wasserwege bis vor das 1914 gebaute Großkraftwerk auf der Lastadie.

Rechts: Hoch über dem Flußufer: das Schloß. Schon lange vor seinem Bau wachte auf der Anhöhe eine wendische Burg über den nördlichsten Oderübergang.

Nächste Doppelseite: Im Norden der Hakenterrasse gehört das westliche Oderufer – einschließlich der Bredower Werder-Insel – dem Schiffbau.

Nach der totalen Zerstörung der Altstadt im letzten Krieg steht das aus den Trümmern wiedererstandene Schloß frei von der engen Umbauung auf dem Festungshügel.

Rechts: Unter den Zinnen und Türmen des Schlosses residierten bis 1637, dem Todesjahr Bogislaws XIV., die Herzöge des pommerschen Greifengeschlechts.

Links: Die berühmte Mohrenkopfuhr im Schloß-hof mit ihren rollenden Augen und den Narren-figuren ist schon auf dem Merian-Stich von 1652 festgehalten.

Auch vom Königstor fällt der Blick heute ungemindert durch andere Bauten auf das Schloß.

Rechts: Das älteste Gotteshaus in Stettin – die Peter-und-Paul-Kirche am ehemaligen Klosterhof. Ihre Gründung 1124 geht auf Pommern-Missionar Otto von Bamberg zurück.

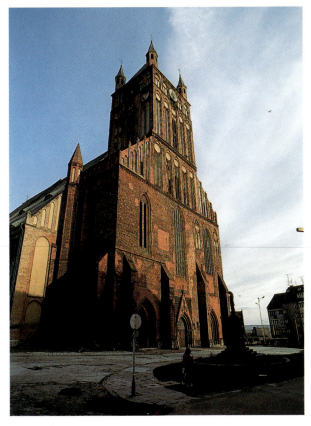

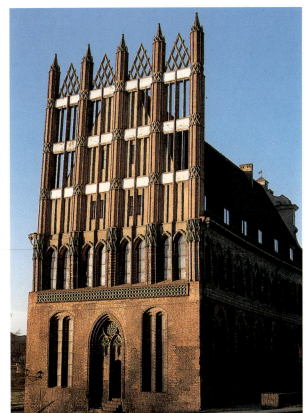

800 Jahre alt – die Jakobi-Kirche wurde 1187 von dem aus Bamberg stammenden Jakob Beringer als Gotteshaus für die deutschen Siedler gegründet.

Links: Die Jakobi-Kirche an der Breiten Straße zählt zu den machtvollsten Bauwerken der norddeutschen Backsteingotik.

Rechts oben: Beim Wiederaufbau des Alten Rathauses haben die polnischen Restauratoren einen seiner beiden gotischen Ziergiebel von seiner barocken Überputzung befreit.

Rechts unten: Das spätgotische „Loitzenhaus" – die Mitglieder des Kaufmannsgeschlechtes Loitz galten als die „Fugger des Nordens". Heute beherbergt das Gebäude das Lyzeum für bildende Künste.

Friedrich Wilhelm I. ließ das Königstor mit seinem reichen Schmuckwerk von seinem Festungsbaumeister G. C. Walrave errichten.

Rechts: Das stattliche Wahrzeichen der preußischen Epoche Stettins: das Königstor – als Spiegelbild festgehalten.

Auch das Berliner Tor am Hohenzollernplatz, das von den Polen gründlich restauriert wird, war ein Geschenk des Preußenkönigs an seine neuen Landeskinder in Stettin.

Das Gebäude der einstigen Nationalversammlung am Roßmarkt zeigt den pommerschen Greif in seinem Tympanon.

Rechte Seite

Links oben: Das nach den Plänen von Walrave gebaute Ständehaus in der Luisenstraße, das schon seit 1929 als pommersches Landesmuseum diente, ist heute Teil des Nationalmuseums.

Rechts oben: Der reiche Figurenschmuck der „Generallandschaft" symbolisiert die pommersche Wirtschaft – der Bauer nahm da einen herausragenden Platz ein.

Unten: Das einstige „Generallandschaftsgebäude" am Paradeplatz – es wurde 1891/92 im üppigen Stil der italienischen Renaissance gebaut.

Rentner, die sich mit Blumen, Früchten und Gemüse aus ihren Schrebergärten ein Zubrot verdienen wollen, haben die frühere Große Wollweberstraße in einen provisorischen Marktplatz verwandelt.

Rechts oben: Die Oberpostdirektion am Paradeplatz gilt als typisches Beispiel für die neugotische Backstein-Architektur der wilhelminischen Epochen.

Rechts unten: Zu den Verkehrsknotenpunkten der Stadt gehört noch immer die Kreuzung Breite Straße/Paradeplatz.

An der Grünen Schanze ist der im Krieg völlig ausgebrannte neugotische Backsteinbau des Neuen Rathauses originalgetreu wiedererrichtet worden.

Vorherige Doppelseite: Stettins Logenplatz – die Hakenterrasse über dem Oderbollwerk mit dem Museum und dem Regierungsgebäude (heute Sitz des Woiwoden).

Der architektonische Mittelpunkt Stettins – der nach Pariser Vorbild angelegte Kaiser-Wilhelm-Platz.

Die Oder unterhalb der Hakenterrasse – links im Bild die Auffahrt zu der neuen Stadthochbrücke über die Oder, die die 1945 gesprengte Baumbrücke ersetzt.

Die gute, alte „Tram" in der Friedrich-Karl-Straße: die Straßenbahn spielt noch immer eine wichtige Rolle im öffentlichen Nahverkehr.

Hier lebt noch das Stettin der Jahrhundertwende – die typischen Schmuckfassaden der Bürgerhäuser rund um den Kaiser-Wilhelm-Platz.

Als diese Häuser in der Friedrich-Karl-Straße gebaut wurden, erlebte Stettin eine wirtschaftliche Blüte. Man zeigte den neuen Wohlstand in der Architektur.

Strahlenförmig führen acht Straßen – wie hier die Kronprinzenstraße – vom zentralen Kaiser-Wilhelm-Platz weg.

Das Stettiner Westend war eine der bevorzugten Villengegenden. Auch wenn heute an vielen Häusern die Farbe fehlt und der Putz bröckelt, hat dieser Stadtteil den Charakter der Großzügigkeit bewahrt.

Zu den gesuchten Wohnadressen gehört noch immer die Falkenburger Allee.

Quistorp-Aue und Quistorp-Park galten als die schönste Stettiner Grünanlage. Dort steht heute das riesenhafte Stahlmonument „Denkmal der Tat der Polen".

Links: Die Grabower Anlagen mit ihrem alten Baumbestand laden wie eh und je zum „Waldspaziergang" ein.

Stettiner Pfadfinder – heute wächst in der Oderstadt schon die dritte Generation der hier geborenen Polen heran.

Das Wahrzeichen einer neuen Epoche: der gläserne Wolkenkratzerturm des neuen Internationalen Handelszentrums an der Pölitzer Straße (Bild links unten). Von seinem Dach zeigt sich Stettin aus der Vogelperspektive. In den Außenbezirken in Richtung Pölitz bestimmen monotone Einheitsbauten der Nachkriegszeit das Bild (Bild links oben). In der Innenstadt westlich der Moltkestraße überwiegen die Altbauten (Bild rechts).

Ein Paradies für Angler: die Reglitz vor den Toren der Stadt.

Umgeben von Höhenzügen: Blick von der Berliner Autobahn auf das Odertal von Stettin.

Nur wenige Kilometer westlich des Stadtgebietes verläuft die deutsch-polnische Grenze.

Rechts: Der wichtigste Grenzübergang im Norden – Pomellen/Kolbitzow (Kolbaskowo) an der Autobahn Berlin/Stettin.

Seit fast 50 Jahren gesperrt: die Mescheriner Oderbrücke zwischen Gartz und Greifenhagen (Gryfino).

Auf dem Weg nach Berlin: Oderkahn bei Mescherin.

Links oben: Am Ostarm der Oder: die 1254 gegründete Nachbarstadt Stettins – Greifenhagen (Gryfino).

Links unten: Mit über 100 seltenen Pflanzenarten und 236 Tierarten – darunter 36 vom Aussterben bedrohten – ist das Untere Odertal ein in Europa einzigartiges Biotop.

Vorherige Doppelseite: Das Untere Odertal südlich von Stettin; die größte unbebaute Flußniederung Europas mit ihrer Auenlandschaft soll ein 33 000 Hektar großer, deutsch-polnischer Nationalpark werden.

Pyritz (Pyrzyce) mit seiner weitgehend erhaltenen mittelalterlichen Befestigung. Die Stadt galt als das „pommersche Rothenburg", ein Prädikat, das auch die Stargarder für ihren Ort beanspruchten.

Links: Der Madüsee (Jez. Miedwie) südöstlich von Stettin gehörte zu den beliebten Zielen sonntäglicher Landpartien.

Rechts: Ländliche Idylle vor den Toren Stettins. In den benachbarten Dörfern scheint die Zeit oft stehengeblieben.

Stargard (Stargard Szcz) war zur Hansezeit mit dem Getreidehandel reich geworden. Von diesem Reichtum und der Wehrhaftigkeit zeugen seine Stadttore und Wehrtürme.

Links: Das Dorf Neuwarp mit seinem eigenwilligen Fachwerk-Rathaus; die Fischersiedlung am Haff-ufer wurde 1352 erstmals erwähnt.

Vorherige Doppelseite: Am Oderhaff; mitten durch den Warper See schneidet seit 1945 die Grenze. Die seither getrennten Dörfer Altwarp und Neuwarp (Nowo Warpno) sollen jetzt wieder durch eine Fähr-verbindung miteinander verbunden werden.

Die hoch über das Meer
aufragende Wolliner
Steilküste ist Teil des
Nationalparks „Wolins-
ki Park Narodwy".

Nach dem Fang:
zentnerweise haben
sich Heringsschwärme
in den Netzmaschen
verfangen.

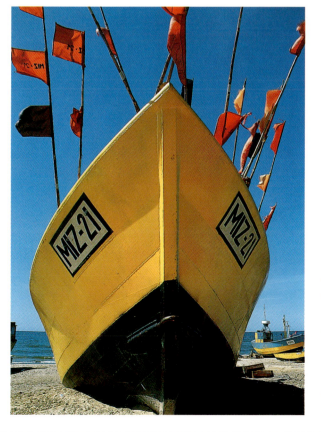

Die Boddenlandschaft bei Cammin (Kamien Pom.): die reizvolle Umgebung der alten Bischofsstadt zählte zu den entfernter gelegenen Ausflugszielen der Stettiner.

Sie gehören zum Bild des Ostseestrandes auf der Insel Wollin, die wie Usedom die Badewanne der Stettiner und Berliner war: die farbenfreudigen Fischerkähne von Misdroy (Miedzyzdroje).

Nächste Doppelseite: Die küstennahe Fischerei gibt nach wie vor vielen Bewohnern der Insel Wollin Arbeit und Brot.

Hier hat man erste Zeichen für die Zukunft gesetzt: in Misdroy hat eine Wiener Hotelkette das neue First-Class-Hotel „Amber Baltic" eröffnet.

Links: Der „Grüne See" von Wapnitz (Wapnica) gehört zu den Sehenswürdigkeiten des Wolliner Nationalparks.

Nächste Seite: Pommerns Alleen – sie sind grüne Tunnel in die Vergangenheit (hier bei Wollin).

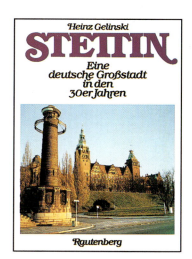

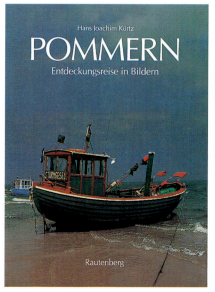

Heinz Gelinski
Stettin –
Eine deutsche Großstadt
in den 30er Jahren
224 Seiten, gebunden
ISBN 3-7921-0294-3

Hans Joachim Kürtz
Pommern –
Entdeckungsreise in Bildern
64 Seiten, 58 farb. Abbildungen,
eine farbige Karte, gebunden
ISBN 3-7921-0476-8

Hannelore Doll-Hegedo
Spezialitäten aus Pommern
84 Seiten, gebunden
ISBN 3-7921-0454-7

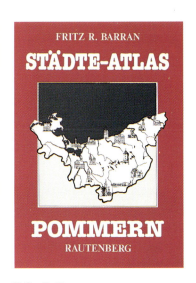

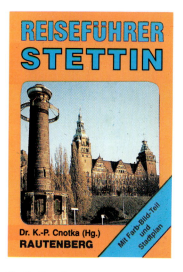

Fritz R. Barran
Städteatlas Pommern
208 Seiten, gebunden
ISBN 3-7921-0415-6

Stettin
Reprint von 1929
144 Seiten, gebunden
ISBN 3-7921-0402-4

H.-G. Cnotka
Reiseführer Stettin
192 Seiten, Fadenheftung
ISBN 3-7921-0468-7

VERLAG GERHARD RAUTENBERG

2950 Leer · Postfach 19 09 · Telefon 04 91 / 92 97 04

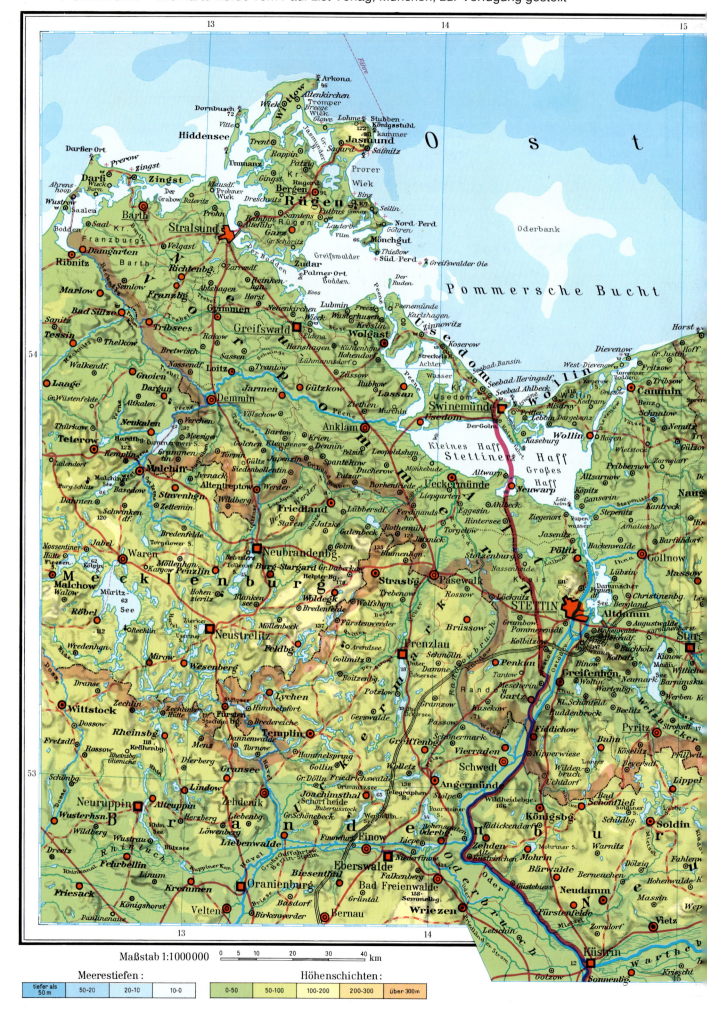

Maßstab 1:1000000   0 5 10   20   30   40 km

Meerestiefen :

tiefer als 50 m	50-20	20-10	10-0

Höhenschichten :

0-50	50-100	100-200	200-300	über 300 m